AF261660

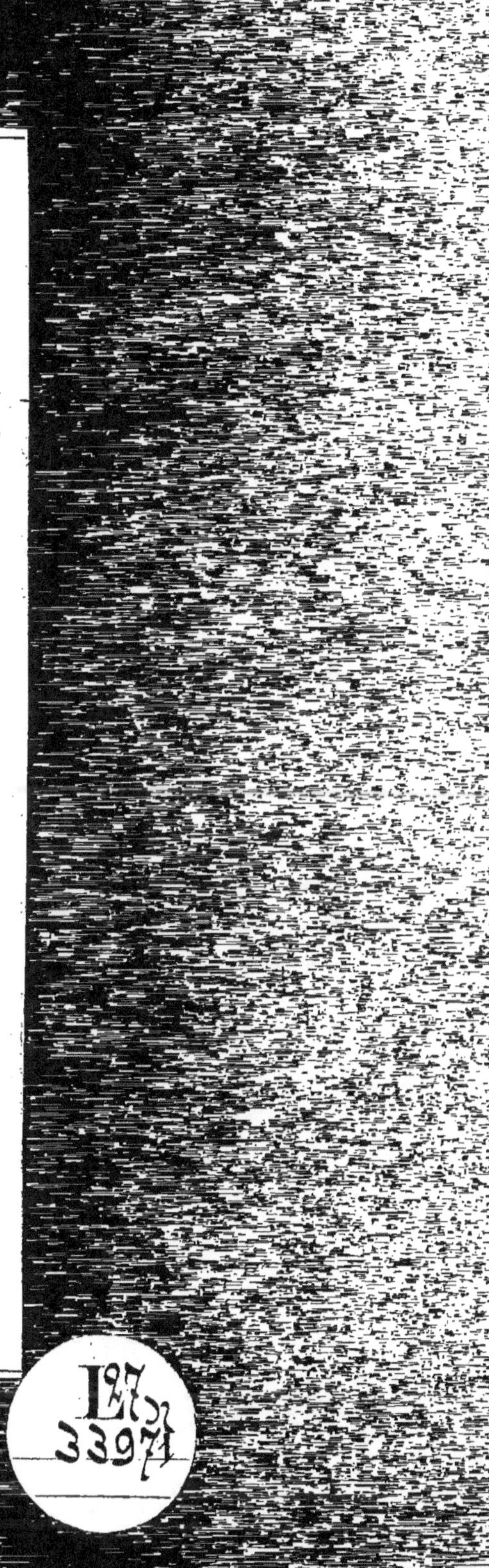

NOTICE

SUR LA

Mère Marie-Régis Deville

SUPÉRIEURE

DU MONASTÈRE DE LA VISITATION

DE LYON

LYON

IMPRIMERIE DE PITRAT AÎNÉ

4, RUE GENTIL, 4

1883

NOTICE

SUR LA

Mère Marie-Régis Deville

SUPÉRIEURE

Du Monastère de la Visitation

DE LYON

NOTICE

SUR LA

Mère Marie-Régis Deville

SUPÉRIEURE

DU MONASTÈRE DE LA VISITATION

DE LYON

LYON

IMPRIMERIE DE PITRAT AÎNÉ
4, RUE GENTIL, 4

—

1883

AVANT-PROPOS

'esprit de famille s'en va ; les traditions se perdent de jour en jour ; telle est la plainte universelle dont les meilleurs esprits de notre temps se sont faits les éloquents interprètes. Ces tristes réflexions nous revenaient en mémoire, à l'occasion d'une perte cruelle que nous éprouvâmes naguère en la personne de la Mère Marie-Régis Deville, supérieure du Monastère de la Visitation. Nous nous demandâmes alors s'il ne convenait point de perpétuer au sein de la famille Deville le souvenir

de celle qui venait de quitter cette terre pour un monde meilleur ; mais nous n'osions mettre la main à l'œuvre, dans l'attente où nous étions d'un travail qui se préparait à l'ombre du cloître. Les pieuses filles de Saint-François-de-Sales ont, en effet, la douce coutume d'envoyer à tout leur cher institut le récit de la vie et des vertus de leurs Mères défuntes. Aussi attendions-nous avec une légitime impatience la publication de ce document, persuadé que nous y trouverions tracé, comme il mérite de l'être, le portrait de la vénérée Mère Deville. Qui donc pouvait mieux la connaître et la faire revivre à nos yeux que celles qui furent les témoins de sa vie pendant un demi-siècle? Quelle plume pouvait mieux peindre cette grande et religieuse figure qu'une plume tenue par la main d'une Visitandine?

Cependant, faut-il le dire? cet écrit si plein de grâce et d'onction, et d'où s'exhale à chaque page un parfum de suave piété, semble plutôt réservé à l'intimité du cloître et aux saintes âmes qui l'habitent. Voilà pourquoi nous crûmes devoir prendre la plume, à notre tour, pour en extraire un récit plus court et plus simple, qui puisse convenir à tous les esprits.

Nous avons tracé un cadre à cette vie si bien remplie, supprimé quelques détails d'un intérêt trop restreint, et opéré un grand nombre de retouches pour enlever au récit ce caractère d'intimité claustrale dont il était nécessairement revêtu. Nous avons enfin rappelé le souvenir de quelques personnages tenus, à juste titre, en haute estime et en grande vénération auprès de la famille Deville. Voilà quelle a été notre humble part dans ce modeste travail : nous avons voulu acquitter ainsi la dette de notre filiale reconnaissance envers celle qui fut l'inspiratrice des premières années de notre sacerdoce.

Est-il besoin d'ajouter que ces pages ne sont pas destinées à la publicité ? nous irions, en les livrant au grand jour, contre l'esprit de saint François de Sales et des règles qu'il a imposées à ses filles ; nous irions surtout contre les intentions de la Mère Deville qui ne craignait rien tant que le bruit et l'éclat autour de son nom. Elles s'adressent uniquement aux membres de la famille Deville, et à ses nombreux amis dispersés dans le monde. Puissent-elles apporter à leur si légitime douleur un peu de consolation, en élevant *leurs regards vers le ciel, où désormais ils comptent une protectrice de plus ! Puissent-elles surtout leur inspirer le désir salutaire d'imiter ses vertus, pour la retrouver un jour dans la véritable Patrie !*

F. DEVILLE.

Lyon-les-Chartreux, en la fête de Pâques, le 25 mars 1885.

NOTICE

SUR LA

Mère Marie-Régis Deville

SUPÉRIEURE

Du Monastère de la Visitation

DE LYON

I

SA NAISSANCE ET SA PREMIÈRE ÉDUCATION

A Mère Marie-Régis Deville est née à Saint-Étienne (Loire), dans les premières années de ce siècle, au sein d'une famille qui avait conservé intactes, à travers l'orage révolutionnaire, les traditions religieuses et les vertus antiques.

Ses dignes parents, M. et Mme Deville, étaient de ces chrétiens d'autrefois, fermes et convaincus, dont la race tend, hélas! à disparaître de plus en plus de notre société moderne. Elle vit le jour le 2 juillet 1806, fête de la Visitation de Notre-Dame, comme si le ciel eût voulu montrer par là que cette enfant était destinée à faire partie de la grande famille de saint François de Sales. Elle reçut au baptême les noms de Claudine-Marie-Thérèse, et fut entourée dès le berceau de tous les éléments propres à développer ses dispositions naturelles, et à lui donner une solide éducation.

A cette époque, Mme Deville, dont la santé devenait très faible, abandonna à sa fille aînée la direction de sa maison et le soin de sa famille. Claudine fut donc élevée en partie par sa grande sœur qui était sa marraine, et dont elle sut captiver la tendresse, à ce point que, bientôt, personne dans la maison n'eut plus le droit de reprendre la chère enfant. Les frères de tout âge qui peuplaient le foyer, et qui n'avaient pas, comme Claudine, un droit assuré à l'exemption des reproches, se faisaient un innocent plaisir de se décharger sur elle de leurs étourderies, pour mettre à l'épreuve les sentiments de leur sœur aînée, et la petite fille se prêtait à cela avec une grâce charmante. Un exemple entre mille : M. C. brisa un jour par maladresse un objet précieux ; la grande sœur arriva sur ces entrefaites, et le coupable, on le devine, n'attendit pas longtemps sa réprimande. Un frère eut alors la pensée de dire : « *Pourquoi gronder ainsi ? Claudine...* » A ce nom, Mlle Deville s'arrêta tout court, et regardant la gentille enfant qui ne disait mot : « *Ah ! si c'est elle, c'est différent, il n'y a rien à dire.* » Hâtons-nous de l'ajouter : en dehors de ces condescendances fraternelles, jamais la chère enfant n'abusa des prédilections de sa marraine ; mais elle lui voua une reconnaissance touchante que la suite des années ne sut pas affaiblir.

L'aimable petite fille se développait heureusement, laissant voir de bonne heure les ressources et les richesses de sa nature. On remarquait en elle une âme délicate, un cœur sensible et généreux, une intelligence très vive et une raison précoce. Ses dispositions à la piété étaient exceptionnelles : la prière lui plaisait, et les cérémonies de la religion la touchaient profondément. Étant encore toute jeune, elle obtint de faire un pèlerinage à Notre-Dame de Valfleury. Ce petit sanctuaire est assez éloigné de Saint-Étienne ; et, à cette époque, on ne pouvait s'y rendre qu'à pied par des chemins pierreux et difficiles. Claudine s'y trouva le beau jour de la Pentecôte. Après la sainte messe, elle prolongea sa prière si longtemps, qu'il fallut enfin l'avertir de se retirer. Il était neuf heures du matin. « *Attendons encore un peu,* dit-elle avec instance, *c'est l'heure où le Saint-Esprit descendit sur les Apôtres assemblés dans le Cénacle.* » Réflexion étonnante de la part d'une enfant si jeune ! Ainsi commençait à se révéler ce grand esprit de foi qui devait être un jour le trait caractéristique de cette vénérée Mère.

Claudine Deville fut confiée pendant quelque temps aux religieuses de Saint-Charles de Mornant; c'est là qu'elle apprit les éléments de la grammaire; c'est là aussi qu'elle fit sa première communion, étant à peine âgée de neuf ans. Nous n'avons pu recueillir aucun détail sur ses émotions pieuses du grand jour; mais ne nous est-il pas permis de croire que le Dieu d'amour se révéla avec tous ses charmes à l'âme si fraîche de cette angélique enfant? Nous pouvons même supposer sans témérité qu'il lui fit goûter alors le céleste enivrement du vin qui fait germer les vierges. Ce qui est certain, c'est qu'après sa première communion, Claudine Deville parut avoir fait un grand pas dans la voie de la connaissance et de l'amour de Dieu : dès lors elle ne fut plus une enfant, mais une âme vouée tout entière au service de Dieu. Le sacrement de confirmation, qu'elle ne tarda pas à recevoir, l'affermit encore dans ses bonnes résolutions; le Saint-Esprit dut prendre pleinement possession de cette âme innocente : c'est, du moins, ce que nous avons pensé souvent en admirant la direction sensible qu'Il lui imprima pendant toute sa vie.

Mlle Deville quitta bientôt le petit pensionnat de Mornant, pour aller continuer ses études dans celui de Roanne dirigé également par les sœurs de Saint-Charles, et où sa seconde sœur avait commencé sa vie de dévouement à la jeunesse. Ses maîtresses n'eurent qu'à se louer de ses progrès rapides dans la vertu et dans la science ; elle acquit en peu de temps une sérieuse instruction ; et, à l'âge de quinze ans environ, elle rentra sous le toit paternel, où bien des cœurs attendaient son retour.

M. et Mme Deville retrouvèrent leur chère enfant digne en tous points de leur tendresse. A l'épanouissement heureux de ses facultés intellectuelles et morales étaient venus se joindre les attraits de la vertu et les charmes de l'extérieur : Mlle Deville était une jeune personne accomplie ; aussi exerça-t-elle un ascendant facile au sein de sa famille, méritant également l'estime et l'affection de tous ceux qui l'entouraient. Sa chère marraine, devenue Mme Gonon, se l'associa bien vite dans la direction des affaires commerciales, et M. Deville, connaissant les capacités de ses filles, put se procurer sans appréhension le repos que réclamait son âge. Mlle Claudine fut chargée en particulier de la surveillance de toutes les ouvrières ; mission difficile dont elle fit un véritable apostolat : sa dignité, sa réserve, sa piété angélique commandaient le respect, en même temps que sa bonté et ses largesses gagnaient les cœurs. Sa vie était partagée entre les exercices pieux, les devoirs de famille, le travail et les œuvres de charité. Elle faisait le bien, et ses dignes parents se complaisaient en elle ; elle devint donc bientôt la *personne nécessaire* de la maison.

II

SA VOCATION ET SA PROFESSION RELIGIEUSE

AIS Dieu ne voulait-il rien de plus d'une âme envers laquelle Il avait été si prodigue de ses dons? M. et Mme Deville se le demandaient avec anxiété, surtout en voyant leur bien-aimée fille refuser, les unes après les autres, les alliances les plus flatteuses et les plus honorables. Mlle Deville, de son côté, interrogeait le ciel, et, faut-il le dire? il semblait qu'elle redoutât une réponse. Les liens de la famille l'enlaçaient si étroitement qu'elle repoussait, comme par instinct, toute inspiration qui tendait à les briser.

Elle aspirait à la perfection ; mais sa nature indépendante frémissait à la seule pensée de l'assujettissement monastique. Elle soutenait ainsi un rude combat contre elle-même, redoublant ses prières et ses aumônes pour obtenir du ciel la lumière et la force dont elle avait besoin. Le petit sanctuaire de Valfleury l'attirait souvent, et nous croyons qu'elle y reçut des grâces bien spéciales. Le pèlerinage était alors confié, comme aujourd'hui encore, à des religieux Lazaristes. L'un d'eux, le vénérable M. de Lugan, qui fut longtemps curé de la petite paroisse, possédait toute la confiance de Mlle Deville, et il la dirigeait toujours pendant ses retraites. « *Je l'ai connue bien jeune,* écrivait-il un jour, *elle était si petite, la première fois que je la vis, que les prêtres de la maison ne voulaient pas lui donner la sainte communion.* » Mais l'enfant grandit ; le digne prêtre suivit ses progrès, et il ne mit jamais en doute que le Seigneur n'eût de grands desseins sur elle. « *On admirait,* disait-il encore, *son maintien aimable, sa figure si douce, ses yeux tout célestes ; son âme candide se reflétait sur ses traits ; pour elle, tout était amour, union à Notre-Seigneur Jésus-Christ : à l'Église, à la sainte Table surtout, on aurait cru voir un ange revêtu d'un corps mortel.* »

Ces dernières paroles du vénérable prêtre résument admirablement les dispositions intimes de Mlle Deville. Dieu, en effet, lui avait donné un attrait sensible, irrésistible même pour la vertu angélique par excellence : ce fut sa grande force, son éclatante lumière. Qui ne le sait ? Le Dieu qui se révèle aux humbles, se dévoile en quelque sorte aux cœurs purs. Or, le cœur, qui a goûté, même ici-bas, les douceurs ineffables de la connaissance et de l'amour de Dieu, ne peut plus se contenter des affections de la terre. Privilège incomparable ! tour-

ment salutaire qui élève l'âme, la pousse jusqu'au ciel,
en dépit de tous les sacrifices, et ne lui permet plus de se
reposer que dans le cœur même de Dieu ! La vie religieuse n'est-elle pas le commentaire admirable de ces
paroles de saint Augustin : « *Fecisti nos ad te, Deus, et
inquietum est cor nostrum, donec requiescat in te ?* »

Mlle Deville, dont l'oreille était fermée aux vains bruits
de ce monde, entendit enfin, très claire et très distincte,
la voix de Dieu qui l'appelait dans le cloître : aussitôt,
faisant taire son cœur, elle laissa comprendre ses intentions à ses vénérables parents. Cette annonce, bien
que déjà pressentie, n'en fut pas moins un coup de
foudre. M. et Mme Deville, dont la foi cependant était si
vive, donnèrent un libre cours aux réclamations de leur
tendresse, et refusèrent absolument leur consentement.
Mme Gonon mit tout en œuvre pour détourner sa bien-
aimée filleule de son projet ; tous les membres de la
famille se joignirent à leur sœur aînée et multiplièrent
les oppositions. Mlle Deville était dans la plus pressante
angoisse, car elle devait lutter à la fois contre son propre
cœur et contre tous ceux qu'elle affectionnait si ten-
drement : mais son amour pour Dieu la rendait forte
contre tant d'attaques, et elle n'aurait pas hésité à tout
briser pour se rendre à l'appel divin, si son confesseur
ne lui eût fait un devoir de prudence et de charité de
temporiser un peu.

Elle attendit donc ; et plusieurs années s'écoulèrent

sans qu'elle parvînt à obtenir le consentement si désiré. Enfin, voyant que les ajournements devenaient inutiles, elle résolut de tout immoler pour sauvegarder les droits de sa chère vocation. S'arrachant des bras de ses dignes parents et résistant à toute une famille éplorée, elle quitta la maison paternelle le 25 mars 1830, et vint le même jour se présenter au monastère de la Visitation, situé alors à la Croix-Rousse : elle y fut accueillie avec bonheur et empressement.

Mlle Deville avait près de vingt-quatre ans ; elle était grande, d'un extérieur agréable et d'une forte santé. Sa piété fervente, sa vocation affermie et ses grandes qualités se révélèrent bientôt à toutes les religieuses qui, dès le premier jour, apprécièrent le don que Dieu venait de leur faire.

Le vénérable prêtre [1] qui dirigea ses premiers pas dans la vie surnaturelle écrivait naguère, en apprenant sa mort : « *C'est la première âme que mon ministère, tout jeune encore, ait enfantée à la vie religieuse, il y a plus d'un demi-siècle. Que de fois depuis, ne me suis-je pas dit que mon coup d'essai avait été un coup de maître !...* »

Nous n'essaierons pas de peindre la douleur de M. et Mme Deville, en voyant s'éloigner leur bien-aimée fille : cette douleur fut déchirante et resta longtemps inconso-

---

[1] M. l'abbé Thevenet, ancien curé d'Orliénas, et récemment décédé dans la paix du Seigneur.

lable... La chère postulante eut de redoutables assauts à soutenir : ses frères la sollicitaient sans cesse de ne pas poursuivre son entreprise ; ils l'en conjuraient avec larmes, lui répétant à l'envi qu'elle hâterait la mort de leurs vénérables parents. Mme Gonon, non moins pressante, joignait les reproches aux instances, faisant valoir tour à tour tous les droits de sa particulière tendresse. Mais le monde entier ne peut rien sur un cœur que la charité divine soutient et embrase. Mlle Deville, une fois entrée dans la voie étroite, ne regarda pas en arrière : loin de là, suivant l'élan de sa volonté énergique, elle se jeta corps et âme dans la pratique de l'immolation religieuse.

La douleur de sa famille la préoccupait cependant : elle la ressentait même à ce point que ses sentiments se traduisaient parfois par des paroles, disons plutôt, par des saillies vives comme sa nature. La Directrice lui avait expliqué qu'à l'assemblée d'après Pâques, chacune des novices devait faire le rapport de sa lecture, ou tout au moins citer la pensée qui l'avait frappée davantage : elle ne fut pas embarrassée sur le choix de ce qu'elle voulait dire ; sa première parole fut celle-ci : « *J'ai appris qu'il est bien dur de quitter ses parents.* »

Malgré ses souffrances intimes, elle débuta dans sa nouvelle vie avec une générosité qui faisait bien augurer de ses progrès et de son avenir. Sa vocation était de pure foi ; tout dans les exercices religieux lui était matière à sacrifice. Cependant elle ne se permettait pas une omis-

sion, et ne faisait rien à moitié : aussi que de renonce-
ments dans un seul jour !... Les combats qu'elle soutenait
se prolongeaient même bien avant dans la nuit. Sa voisine
de cellule a raconté que souvent elle l'avait entendue
s'écrier pendant son sommeil. « *C'est une affaire bien
décidée, je partirai demain.* » Et le lendemain, au lieu de
partir, la chère prétendante réitérait à Dieu le sacrifice
d'elle-même, et s'appliquait avec une ferveur nouvelle à
tout ce qui lui était enseigné. Elle étudiait avec une
sainte ardeur les règles et les moindres usages des Visitandines ; elle acquit ainsi une telle connaissance de tout
ce qui leur est prescrit que, jusqu'à la fin de sa vie, elle
n'eut jamais la moindre indécision en fait d'observance.
Les travaux ordinaires, les emplois les plus humbles
de la maison avaient toutes ses préférences; elle se faisait
la petite servante de tout le monde, tenant à honneur
d'occuper la dernière place dans la maison de Dieu.

M. l'abbé Drevet, chanoine de l'église primatiale. de
Lyon et intime ami de M. Deville, venait de temps à autre
la visiter. Il l'encourageait, l'assurant de tout son concours
pour consoler et calmer sa famille. Il l'estimait et ne le
lui cachait pas. Un jour, il lui dit en toute simplicité :
« *Vous avez voulu venir au couvent, vous verrez que
vous y serez bientôt supérieure.* » La jeune prétendante lui
répondit avec sa franche rondeur : « *Ce n'est pas probable,
et Dieu m'en garde ; mais si vous pouviez me garantir la
vérité de votre prédiction, je partirais sur-le-champ.* »

La Communauté, charmée des qualités et des vertus de Mlle Deville, avait hâte de la revêtir de l'habit religieux ; mais elle se soumit à une longue attente, par égard pour ses bien-aimés parents : ce fut seulement au bout d'un an, le 19 avril 1831, qu'elle reçut, avec les livrées de la religion, le nom de Sœur Marie-Régis.

Nous n'avons pu recueillir aucun détail sur la vie de la Sœur Marie-Régis au noviciat, car ses Supérieures, sa Directrice et ses compagnes l'ont précédée de beaucoup dans l'éternité ; mais les traditions religieuses que nous avons interrogées nous ont redit ses progrès admirables dans la voie de l'abnégation et du détachement, sa ponctualité exemplaire et sa ferveur toujours nouvelle.

Elle fut admise à la sainte profession, le 6 juin 1832. La Sœur Marie-Régis, qui ne connaissait pas les demi-sacrifices, ne fit aucune réserve dans l'offrande de tout son être au Seigneur : après sa consécration religieuse, elle se regarda comme entièrement morte au monde et à elle-même, pour ne plus vivre qu'en Dieu seul.

Le 9 novembre 1834, M. Deville quittait cette terre d'exil pour un monde meilleur ; et, quelques années plus tard, le 1er février 1837, Mme Deville était ravie, elle aussi, à la tendresse de ses enfants. Nous signalons, en les réunissant, ces deux évènements, car ils furent, pour la Sœur Marie-Régis, le renouvellement de tous ses sacrifices et de toutes ses douleurs. M. et Mme Deville, au moment suprême, avaient été entourés de tous leurs enfants ; et tous deux, ils avaient réclamé leur chère fille qui seule manquait à l'appel. « *Ah !* disait-elle encore les dernières années de sa vie, *je n'ai pas perdu le souvenir de ce que je souffris alors. Ma vocation m'a coûté plus que la vie, mais ne vaut-elle pas ce qu'elle m'a coûté ?...* » Dieu qui ne se laisse pas vaincre en générosité, récompensa bientôt son admirable résignation : ses frères et ses sœurs l'entourèrent dès ce moment de plus d'estime et d'affection, lui témoignant une confiance qui ne la trouva jamais insensible ; et son cœur demeura toujours le centre de l'union fraternelle, le foyer des sentiments et des inspirations de la famille.

Dès lors, la sœur Marie-Régis retira de son sacrifice une grâce admirable de dégagement, qui parut être l'achèvement de la préparation à la grande mission qu'elle devait remplir. A partir de cette époque, nous la voyons occuper les unes après les autres les principales charges du Monastère, montrant toujours son noble cœur, sa grande intelligence, et, par-dessus tout, un dévouement sans bornes aux intérêts de la Communauté.

La vénérée Mère Louise-Colombe Betton de Beaufoural, qui était, à cette époque, supérieure de la Visitation, appréciait la sœur Marie-Régis autant qu'elle l'aimait : elle s'efforçait de la faire avancer dans la pratique des grandes vertus religieuses. Après sa réélection, en 1837,

elle la nomma surveillante : c'était lui imposer une particulière obligation de ferveur et de régularité. Presque en
même temps, elle fut chargée de la *roberie*, et signala,
dans ce modeste emploi, son amour de la pauvreté. Enfin,
on lui confia la direction du pensionnat. Elle aimait les
enfants, en obtenait tout ce qu'elle désirait, sans user du
moyen ordinaire des punitions, mais par le simple
ascendant de sa bonté. Malgré ces succès, il était facile
de prévoir qu'elle n'était là qu'en passant : Dieu, en effet,
allait offrir un champ plus vaste à son dévouement et
à son infatigable activité.

III

SON ÉLECTION A LA CHARGE DE SUPÉRIEURE

PRES la déposition de la Mère Louise-Colombe, la sœur Marie-Régis fut élue Supérieure, à la satisfaction générale de la Communauté, le 6 juin 1840; elle n'avait pas encore trente-quatre ans. Elle était loin de s'attendre à cette élection, et la soumission à la volonté de Dieu lui fut bien difficile dans cette circonstance. Elle dut s'incliner cependant, et accepter la charge redoutable qu'on lui imposait; mais, elle l'avoua plus tard dans l'intimité, pendant plus de trois mois, elle passa ses nuits sans sommeil, inondant son lit de ses larmes.

La Mère Marie-Régis possédait réellement, et à un degré élevé, les qualités et les vertus qui conviennent à une supérieure de la Visitation : l'esprit de l'Institut, l'attachement à l'observance, un jugement très sûr, un grand esprit de discernement, une capacité rare

pour les affaires et pour l'administration d'une maison,
enfin une indicible bonté; tout cela, et même les
charmes de sa personne, lui rendaient facile et comme
naturel l'exercice de l'autorité.

La nouvelle Mère était bien l'*élue de Dieu* ; en face de
la volonté d'en haut, elle fit taire ses répugnances et ses
appréhensions; puis, comptant sur Dieu et sur la sœur
déposée dont le cœur lui était si largement ouvert, elle
prit le gouvernement du Monastère avec cette vigueur
d'action qui lui était personnelle. Après avoir placé à la
tête des emplois des officières dévouées et intelligentes,
elle exerça sa surveillance sur le bon ordre de la maison,
la fidélité à l'observance, et la direction spirituelle de ses
filles.

La Communauté, heureuse, bénissait le ciel, et
cheminait avec ardeur dans les voies de la perfection.
Mais, comme un ciel sans nuages, un bonheur sans
mélange est bien rare ici-bas, surtout pour les âmes pri-
vilégiées. Le 25 mars 1843, la sœur déposée, Louise-
Colombe Betton de Beaufoural, succombait à une fluxion
de poitrine, laissant toute sa famille religieuse dans un
deuil inconsolable. La vénérée Mère emporta du moins
au ciel la consolation de voir cette maison de la Visitation,
dont l'établissement et la restauration lui avaient coûté
tant de labeurs et tant de larmes, gouvernée par la main
prudente et habile de celle qui lui avait succédé dans la
charge de Supérieure.

A l'Ascension de la même année, les suffrages du chapitre replacèrent les Visitandines sous la chère égide de leur Mère bien-aimée, et trois années s'écoulèrent dans le calme et la paix religieuse. Mais enfin la sainte règle imposa sa loi, et il fallut demander à Dieu une nouvelle Mère.

IV

SA DÉPOSITION — ÉVÈNEMENTS DE 1848

N 1846, la Mère Marie-Régis reprit avec joie son rang d'inférieure ; mais elle conserva pour ses filles cette maternelle et vigilante tendresse que chacun des instants de sa vie devait leur rendre plus chère et plus sensible. Elle eut bientôt l'occasion de la montrer : On était en 1848 ; la ville de Lyon — le quartier de la Croix-Rousse surtout — fut en proie, pendant quelques jours, au plus horrible désordre. Les supérieurs ecclésiastiques avaient exigé l'éloignement de la plupart des sœurs, car les barricades étaient dressées en face de l'entrée principale du monastère, et des dangers de toute nature l'environnaient. La Mère Jeanne de Sales Galtier, alors en charge, était malade ; on devine quelles étaient les anxiétés des Religieuses ! mais l'intelligente et courageuse sollicitude de la sœur déposée

leur fit traverser, sans trop de peines, ces douloureuses circonstances.

En dehors des visites domiciliaires, par le moyen desquelles la population ouvrière prétendait se poser en libératrice des maisons religieuses, en dehors des interrogations de toutes formes qu'il fallait subir sur la liberté et sur le bonheur de la vie du cloître, les religieuses devaient encore accepter nuit et jour à leur porte d'entrée, et nourrir à leurs frais deux factionnaires qui s'arrogeaient le droit d'inspecter tout ce qui entrait dans la maison ou tout ce qui en sortait : paquets, lettres, provisions, etc., etc. Ces braves gens s'intéressaient à tout ; *ils étaient là pour défendre les sœurs*, disaient-ils, *parce qu'elles faisaient le bien dans le faubourg...* »

Les projectiles traversaient, comme un feu roulant, les jardins et les cours : ils brisaient même les vitres, et la protection dont le général de Castellane, qui commandait alors la division militaire de Lyon, honorait les Visitandines, ne parvenait point à les rassurer. Ce vaillant guerrier s'occupait d'elles, en effet, mais d'une façon toute martiale.

Il leur souvient encore de ce billet qu'il adressa à la supérieure le jour où il prévoyait la plus violente attaque des insurgés : « *Ne craignez rien, je suis là ; si l'on bouge, je fais raser tout le quartier.* » Cette consolation belliqueuse n'était pas précisément celle que souhaitaient les religieuses, mais le ciel leur en prodiguait d'autres. La Mère Régis-Deville tenait l'équilibre au sein de la pauvre famille; les courages n'étaient pas abattus, la joie régnait même au milieu d'elles. Quand l'orage fut passé, et que les chères absentes furent de retour, elles ne formèrent toutes qu'un seul cœur pour bénir le dévouement et la vigilance qui, après Dieu, les avaient sauvées.

L'élection du 26 mai 1849 les plaça de nouveau sous la conduite de la Mère Marie-Régis. Cette fois-ci, elle reçut la charge avec joie; elle avait deviné toutes les tristesses de ses filles, et son cœur si bon s'inclinait vers elles pour les consoler.

V

CONSTRUCTION D'UN NOUVEAU MONASTÈRE DE LA VISITATION SUR LA COLLINE DE FOURVIÈRE

IENTÔT arriva le moment où Dieu voulait que la Mère Deville accomplît la grande et difficile mission pour laquelle il l'avait choisie, et qui, seule, suffirait à immortaliser sa mémoire : nous voulons parler de la construction d'un Monastère dans un quartier moins agité que ne l'était celui de la Croix-Rousse. Cette grave question d'un changement de local pour une famille religieuse avait été maintes fois soulevée par les supérieurs ecclésiastiques; la solution en avait toujours été ajournée. Mais les troubles de 1848 venaient de démontrer avec une suprême évidence la nécessité de quitter la Croix-Rousse, et S. E. le cardinal de Bonald, alors archevêque de Lyon, ordonna à la Mère Marie-Régis de s'occuper sans retard de cette importante affaire.

Il fallait, tout d'abord, choisir un bon emplacement : la colline de Fourvière attirait les regards, préférablement à tous les autres quartiers de la ville. Après avoir pris tous les renseignements possibles sur les diverses propriétés qui étaient à vendre, la Mère vint elle-même, accompagnée de l'économe s'assurer de toutes les convenances. Elle fixa son choix sur un enclos spacieux, situé au point culminant de la ville ; et les Visitandines l'achetèrent le 10 octobre 1850, conjointement avec les révérendes Mères Carmélites, qui, elles aussi, voulaient se créer un asile, à l'abri des orages de la terre et plus près du ciel. Le plan du nouveau monastère fut dressé par M. Bossan, le grand architecte religieux de Lyon.

Pendant ce laps de temps, la Mère Deville terminait son triennat ; mais elle fut réélue, à la grande joie de sa famille religieuse, le 9 mai 1852.

Au mois d'avril 1854, on commença le creusement des fondations, et la première pierre du nouveau Monastère fut solennellement bénite et posée le 6 juin de la même année. Aussitôt après, on entreprit les travaux de construction, qui se poursuivirent avec activité et s'achevèrent rapidement.

La remarquable intelligence de la Mère Deville parvint à résoudre les nombreuses difficultés qui ne manquèrent pas de se présenter : n'étant pas sur les lieux, elle n'exerçait sa surveillance sur les travaux qu'en suivant les plans avec attention. Tous les jours, elle correspondait avec les architectes et les entrepreneurs. Pendant que l'on construisait à Fourvière, il fallait vendre à la Croix-Rousse : la Mère Régis suffisait à tout, et n'omettait cependant aucun des devoirs de sa charge, veillant toujours avec soin sur le bon ordre et la régularité de sa communauté.

L'Ascension de 1855 vint satisfaire son humilité, mais sans lui accorder le repos de la cellule. L'élection du 26 mai plaça les Visitandines sous la conduite de la Mère Marie-Blandine Combe, qui confia bien vite à la Déposée le soin du noviciat, lui laissant, en outre, la direction et la surveillance de la grande entreprise de Fourvière.

Les principales constructions étaient terminées, à l'exception de celles de la chapelle et des sacristies qu'on devait forcément ajourner, parce que les acquéreurs de l'immeuble de la Croix-Rousse demandaient une prompte entrée en jouissance. Il fallait donc s'occuper de l'organisation du nouveau Monastère et s'y transporter au plus tôt. Au mois de mars 1856, la Sœur Marie-Régis dut se rendre sur les lieux pour être mieux à même de tout ordonner. L'obéissance lui adjoignit la Sœur économe, une autre religieuse et une tourière. La petite colonie s'établit dans une maisonnette située à l'extrémité de l'enclos. C'est là que, pendant près de deux mois, la sœur Marie-Régis s'occupa de tout organiser, faisant poser les portes, les fenêtres, les placards, etc., choisissant elle-même les serrures et les ferrures, pour que tout fût solide et le moins coûteux possible. On devine aisément le nombre de ses travaux de chaque jour ; malgré cela, cependant, elle s'assujettit à dire l'office et à suivre les autres exercices de la règle, avec ses compagnes.

Elle s'empressa de quitter Fourvière dès que sa présence n'y fut plus indispensable ; elle y laissa les trois chères Sœurs et rejoignit avec bonheur, à la Croix-Rousse, la communauté et son petit troupeau du noviciat. Elle se remit pour quelques semaines à ses fonctions de directrice, tout en ordonnant ce qui était requis pour le déménagement. A la fin du mois de mai, elle dut revenir à Fourvière pour présider à l'installation du mobilier et de tout le matériel de la maison.

Quinze jours se passèrent ainsi, au milieu d'innombrables occupations. Les ouvriers, étant surveillés de plus près, travaillaient avec plus d'activité et de soins. Ils avaient un grand respect pour la Sœur Marie-Régis, qu'ils appelaient toujours *la Mère*. Ils lui parlaient avec vénération, lui témoignaient tant de soumission et de confiance qu'elle n'eut jamais la moindre difficulté avec eux. Toutes les objections possibles tombaient à ce seul mot : « *la Mère l'a dit.* » Un jour, plusieurs maçons se prirent de querelle ; l'entrepreneur ne parvint pas à les mettre d'accord, et la question s'envenima si bien que les malheureux firent mine d'en venir aux mains. Enten-

dant des cris et des menaces, la Sœur Marie-Régis voulut
s'assurer par elle-même de ce qui se passait : on s'efforça
de la retenir, mais ce fut en vain. Aussitôt qu'elle parut,
les pauvres furieux s'arrêtèrent tout court, comme si
on leur eut fermé la bouche : sa dignité si douce et
si ferme, la sainteté, qui se reflétait sur son visage, les
avait désarmés. Humiliés et confus de leur emportement,
ils se remirent au travail, et la dispute en resta là.

VI

INSTALLATION DE LA COMMUNAUTÉ A FOURVIÈRE

A petite colonie, établie à Fourvière, déployait tant d'activité qu'il fut bientôt permis d'entrevoir le moment où la grande famille pourrait elle-même s'y installer. On fixa au 6 juin le jour du départ de la communauté pour Fourvière. Les deux mères vénérées, Marie Blandine Combe et Marie Regis Deville, en se voyant entourées de leurs filles, dans cette nouvelle maison qui leur avait coûté et devait leur coûter encore tant de sollicitudes, furent profondément émues, et purent enfin laisser un libre cours à leur joie.

Les ouvriers, un instant détournés de leurs travaux par les embarras de l'installation des religieuses dans les nouveaux bâtiments, reprirent avec ardeur la construction de la chapelle et des sacristies. Tout fut enfin terminé dans les meilleures conditions possibles, vers la fin de l'année 1857; et les Visitandines purent entrevoir de longs et heureux jours, qui leur permirent de se livrer avec un nouveau zèle à la pratique de la vie religieuse et à l'éducation de la jeunesse chrétienne.

Mgr le Cardinal de Bonald n'avait voulu déléguer à personne le titre de supérieur des religieuses de la Visitation pendant la période de la construction du nouveau Monastère à Fourvière, afin de veiller directement lui-même à l'exécution de cette œuvre importante et difficile; mais dès que les travaux furent achevés, Son Éminence en confia les fonctions à M. l'abbé Pagnon, qui venait d'être récemment promu à la dignité de Vicaire général du diocèse. Le choix ne pouvait être meilleur : « *Homme de grande vertu, docte, expert et de grande charité,* » le nouvel élu réunissait toutes les qualités que demandent les constitutions de saint François de Sales. Depuis vingt-cinq ans, les Visitandines goûtent les bienfaits de sa haute direction si prudente et si éclairée.

Le 18 mai 1861, la Sœur Marie-Régis fut élue pour succéder à la Mère Marie-Blandine qui venait de terminer ses deux triennaux.

Elle éprouva bientôt une douleur sensible en perdant le vénérable aumônier du Monastère, M. l'abbé Cherbonnière qui fut enlevé de ce monde, le 6 octobre de la même année. Pendant vingt-six ans, ce prêtre, d'une si éminente vertu, consacra son temps et ses forces à l'avancement spirituel des âmes d'élite qui lui étaient confiées et aux intérêts de cette communauté à laquelle il était si dévoué. Il nous souvient encore de cette figure austère et douce, de ce regard vif et pénétrant, où semblaient se refléter l'esprit et les vertus du saint fondateur de la Visitation. La mère Deville appréciait hautement ses rares qualités, et fut profondément affligée par sa mort.

Cependant il lui restait encore une affaire importante à traiter pour rendre aussi indépendante qu'agréable la clôture de Fourvière : c'était l'achat d'une petite propriété voisine et dans laquelle se trouvait un pavillon élevé qui dominait le Monastère. Cette servitude attirait avec raison l'attention de la vigilante Mère : mais comment acquérir dans un moment où des charges si onéreuses pesaient déjà sur les Visitandines ? Cependant la propriété allait être mise en vente, et les acquéreurs s'annonçaient nombreux... La fervente Mère fit prier, suivant son habitude. Au bout de quelques mois, une des Sœurs bienfaitrices reçut les capitaux qui lui revenaient d'une succession de famille : le petit immeuble si convoité fut acheté le 4 juillet 1864, et la clôture possède maintenant le rare avantage d'une complète indépendance.

La mère Marie-Régis fut réélue supérieure le 14 mai 1864. Quelques mois après, Notre Saint Père le pape Pie IX plaçait sur les autels la Bienheureuse Marguerite-Marie Alacoque, une des gloires spirituelles de l'ordre de la Visitation. L'annonce des fêtes de la béatification

fut pour la pieuse Mère l'occasion de mettre au jour
un projet qu'il lui tardait d'exécuter. La construction
de la chapelle avait été achevée à la fin de l'année 1857;
mais la pénurie des ressources n'avait permis d'offrir au
Divin Maître que la plus simple, pour ne pas dire tout
à fait la plus pauvre hospitalité. La Mère en souffrait
beaucoup, et elle allait épiant le moment et le moyen
de faire embellir le cher sanctuaire. Dieu fut favorable
à son désir : les derniers jours de l'année 1864, une
personne pieuse lui offrit une somme d'argent, avec
recommandation expresse de l'employer à l'ornemen-
tation de la chapelle. La Mère, au comble de ses vœux,
manda promptement M. Bossan, lui laissant le soin de
bien utiliser le don qui avait été fait. Les travaux furent
immédiatement entrepris, et ils furent exécutés avec une
perfection qui ne laisse rien à désirer. La modeste chapelle se trouva ainsi délicieusement décorée pour le
Triduum du deuxième anniversaire centenaire de la
canonisation de saint François de Sales, qui fut célébré
au mois d'avril 1865.

Cependant la Mère Marie-Régis n'était pas entièrement
satisfaite : elle souhaitait encore un embellissement autour
du grand autel. Notre Seigneur, qui semblait prendre à
tâche de réaliser ses désirs, lui vint en aide par un secours aussi providentiel que le premier : les parents d'une
des Sœurs du monastère firent un don à la communauté
avec prière de consacrer cette somme à la décoration

des autels. C'est à cette ressource inespérée qu'est dû le gracieux ciborium qui s'élève dans le sanctuaire, et couronne avec tant d'élégance l'œuvre si artistique de M. Bossan.

La Sœur Marie-Blandine Combe fut élue Supérieure à l'Ascension de 1867, et la Mère Régis reprit la charge du noviciat. Sa direction spirituelle se faisait remarquer par son élévation et sa force : ses instructions aux novices étaient courtes, mais substantielles et précises ; elles roulaient habituellement sur les grandes et solides vertus de la vie religieuse. Elle n'aimait point la dévotion qui se borne au sentiment, mais la piété effective, qui se traduit par les actes.

Bientôt son zèle se trouva en face d'une mission toute nouvelle, bien sympathique, sans doute, mais hérissée de difficultés ; nous voulons parler de l'œuvre qui avait pour but de fournir des moyens de subsistance aux Monastères d'Orient. Elle ne savait pas se refuser à un élan charitable, surtout lorsqu'il s'agissait d'une communauté de Visitandines ; dans ces occasions-là, n'écoutant que son cœur généreux, elle ne s'accordait ni trêve ni repos avant d'avoir trouvé une issue favorable. C'est ce qu'elle fit en faveur du monastère d'Antoura, dans le Liban. Plusieurs des chères Sœurs de cette maison étaient venues chercher des ressources en France ; l'une d'elles avait été reçue au monastère de Lyon et s'y livrait à l'étude de la langue française, en attendant que la

Providence lui montrât de quel côté lui viendrait du secours. Ce qu'elle raconta de l'extrême pauvreté de sa famille religieuse produisit une profonde émotion. La Sœur Marie-Régis, dont les sentiments n'étaient jamais stériles, prit à tâche de plaider la cause d'Antoura, et lui procura les ressources nécessaires pour sortir de sa détresse.

Le triennat de la Mère Marie-Blandine étant expiré, les suffrages de la Communauté se portèrent de nouveau sur la sœur Marie-Régis. Cette élection la surprit, et ses répugnances pour la supériorité se réveillèrent plus vives, plus sensibles que jamais. Avait-elle un secret pressentiment des évènements douloureux qui étaient sur le point d'éclater ? peut-être ? car les bruits de guerre entre la France et l'Allemagne commençaient à retentir ; et deux mois plus tard, les religieuses furent réduites à la plus dure de toutes les épreuves : elles se virent obligées d'abandonner, en grand nombre, leur cher couvent de Fourvière, et de se disperser dans les autres Monastères, qui s'empressèrent d'ouvrir leurs portes aux saintes exilées.

VII

ÉVÉNEMENTS DE 1870 — CRÉATION D'UNE AMBULANCE
A LA VISITATION

u début de la guerre effroyable qui désola notre malheureuse patrie, en 1870, la Mère Marie-Régis fit multiplier les prières, les sacrifices, les pénitences générales et particulières, afin d'apaiser la justice divine dont les foudres étaient suspendues sur la France coupable ; et, pour obtenir du ciel que la paix monastique ne fût pas troublée, elle fit placer sur l'autel de l'avant-chœur la statue de Notre-Dame-de-Grâces.

Le 4 septembre arriva avec tout son cortège d'incidents, hélas ! trop célèbres... Notre grande cité se préparait à soutenir un siège que l'approche de l'armée ennemie rendait imminent ; les approvisionnements de toute nature encombraient les rues, les troupes envahissaient les maisons religieuses et même les églises. Le Monastère, qui est situé à proximité des forts Saint=

Just et Saint-Irénée, fut immédiatement convoité : le 6 septembre, la Mère Marie-Régis en fut prévenue,et le 7, au matin, un officier d'état-major vint lui annoncer que l'affaire était décidée, et que les religieuses n'avaient pas deux jours pour évacuer la place. Que faire contre la force?... La Mère pria et espéra; mais, par prudence autant que par devoir, elle se sépara d'un grand nombre de ses filles qui se réfugièrent dans les autres couvents de leur ordre. La bonne Mère fit ensuite offrir au *Comité de secours pour les blessés de l'armée* toutes les dépendances extérieures des bâtiments. Cette mesure éloigna un peu les menaces d'occupation ; mais elle ne pouvait pas sauver le Monastère. Les autorités militaires le firent visiter, et, le 14 novembre, on signifia aux religieuses que l'occupation en serait ordonnée au premier jour.

La Mère Deville ne se laissa point déconcerter ; elle fit sans retard les démarches voulues pour l'ouverture d'une grande ambulance. Ses offres furent immédiatement acceptées, et c'est ce qui sauva les dernières religieuses en leur permettant de ne pas abandonner leur bien-aimé Monastère. L'autorisation du Comité, jointe à l'approbation de l'Intendance militaire, précéda de quelques heures seulement l'ordre d'occupation donné par le commandant de place, et soixante blessés n'étaient pas encore arrivés, que déjà cinq cents hommes étaient là, attendant qu'on leur ouvrît les portes. L'officier

supérieur qui les commandait s'adressa à la vénérable
Mère, qui, pour toute réponse, s'excusa en lui montrant
le titre de l'ambulance. Le général n'insista pas ; à son
tour, il se confondit en excuses sur la fausse démarche
qu'on lui avait fait faire, et il ordonna à ses hommes de
rebrousser chemin.

Après avoir complètement installé l'ambulance dans les
bâtiments du Pensionnat, la Mère Marie-Régis, si compa-
tissante pour toutes les misères humaines, la visitait tous
les matins ; elle y revenait encore dans la journée pour
surveiller ce qui se faisait et pour encourager les pauvres
malades. Tous la vénéraient, tous faisaient son éloge
en des termes touchants et sincères. Sa charité avait
un champ libre en face d'un si grand nombre de malheureux. A l'un, elle obtenait une pension, à l'autre, un
congé de convalescence, à celui-ci, une place dans tel ou
tel hospice, à cet autre, un traitement gratuit dans les
établissements de l'État. Elle procurait à tous des vête-
ments, du linge et un peu d'argent, après les avoir
exhortés à conserver toujours une foi vive et une grande
fidélité à leurs devoirs de chrétiens. Que de lettres de
demandes, que de suppliques elle adressait ! que de
pétitions et de recommandations elle apostillait de sa
main ! souvent elle abordait en souriant la sœur qui lui
servait de secrétaire, et, lui montrant des liasses de
papier : « *Mon enfant, voici une belle et bonne journée,*
lui disait-elle, *tâchez de parler si bien que vous gagniez*

toutes mes causes. » Et elle expliquait ensuite les détails de chaque affaire avec le soin minutieux qu'elle eût apporté à défendre ses propres intérêts. Puis, quand elle recevait des réponses favorables, elle ne manquait jamais, par un sentiment de délicate bonté, de les montrer à son heureuse secrétaire, ajoutant, avec cette affabilité qui n'appartenait qu'à elle : « *Dieu a été pour nous, cela doit nous encourager pour une autre fois.* »

Dieu était, en effet, pour les saintes religieuses; Il les entourait d'une protection vraiment providentielle. L'ambulance était très bien organisée, et le service des malades se faisait avec beaucoup d'exactitude et de soins. M. l'abbé Cholleton, le digne aumônier du Monastère, était admirable de zèle et de dévouement auprès des pauvres militaires. Sept d'entre eux, préparés par ses pieuses leçons, reçurent le sacrement de Confirmation; tous se confessèrent et communièrent pendant leur séjour; enfin aucun ne mourut sans recevoir tous les secours de la religion.

Aussi, les militaires qu'on avait envoyés à l'ambulance de la Visitation semblaient-ils être des militaires de choix. Ils se montraient très bons, très reconnaissants des soins qui leur étaient donnés, et ne causèrent aucun désagrément.

Les procédés du dehors n'étaient pas toujours aussi satisfaisants. Souvent on revint à la charge pour faire entrevoir l'occupation du Monastère par la troupe; la

Mère Marie-Régis, dans ces occasions, parlait avec un calme et une fermeté qui coupaient court à toutes les instances.

Non loin du Monastère, se trouve le collège de Notre-Dame-des-Minimes. Au mois de septembre 1870, cet établissement avait été envahi et transformé en une fabrique de cartouches. Les ouvriers faisaient continuellement des expériences très gênantes pour les voisins; les Visitandines durent renoncer à circuler dans la plus grande partie de leur enclos; il paraît même qu'un jour une femme fut blessée dans la rue. Le lendemain, à trois heures précises, quatre hommes se présentèrent à la porte du cloître, demandant à entrer au nom de la liberté. On les introduisit. « *Vous avez des armes cachées,* dirent-ils d'une voix quelque peu menaçante; *une femme vient d'être tuée sous vos murs; nous allons visiter toute la maison.* »

Cette visite effrayait peu les religieuses, car elles avaient envoyé à l'Intendance militaire toutes les cartouches apportées par les soldats malades. La Mère Marie-Régis, allant à vêpres, et entendant parler très haut à l'ambulance, y entra pour voir ce qui s'y passait. On le lui dit, et, bien tranquille sur l'issue de cette affaire, elle voulait se retirer: « *Madame, vous êtes consignée,* lui dit un des visiteurs, *vous ne sortirez pas d'ici avant que la visite soit faite.* » — « *Mais,* dit la Mère, avec sa sérénité ordinaire, *je vais chanter vêpres.* »

— « *Il s'agit bien des vêpres*, reprit le visiteur, *il faut rester ici.* » Une sœur, puis une autre, puis une troisième arrivèrent successivement, attirées par le bruit et par l'éclat des voix, et toutes furent pareillement *consignées* pendant la visite qui dura plus d'une heure. Comme on le suppose bien, on ne trouva pas les *armes cachées;* alors les pauvres délégués confus, humiliés s'excusèrent de leur démarche, et assurèrent les religieuses de toute leur *protection.*

Cinq mois s'écoulèrent ainsi au milieu de continuelles alertes causées par la crainte de l'invasion ennemie et des dissensions civiles. Cependant les chères exilées rentrèrent peu à peu au Monastère qui reprit bientôt, dans le calme et la paix, sa physionomie habituelle.

La réélection de la Mère Marie-Régis eut lieu le 31 mai 1873. Elle dut bientôt songer à combler un vide douloureux causé par la mort. Le vénérable Recteur de Fourvière, M. l'abbé Dauvergne, confesseur extraordinaire des religieuses de la Visitation, venait de rendre sa belle âme à Dieu, le 23 du mois d'avril précédent. Il avait rempli ce saint ministère, pendant douze années consécutives, avec une rare prudence et un dévouement inaltérable. Il s'agissait donc de pourvoir à son remplacement : à la demande de la Mère Deville, Mgr Ginoulhiac, alors archevêque de Lyon, jeta les yeux sur celui auquel il avait déjà confié la succession de M. Dauvergne à Fourvière, sur M. l'abbé Pater; et depuis lors, le vénéré Recteur exerce ces importantes et délicates fonctions avec une sagesse et un zèle au-dessus de tout éloge.

La tranquillité au dehors et le bonheur au dedans semblaient également assurés pendant ce triennat; les Visitandines purent, en effet, jouir pleinement de la vie régulière et de la paix du cloître.

Le 3 juin 1876, la Mère Marie-Blandine fut élue supérieure, et, comme toujours, elle confia le soin du Noviciat à la sœur déposée. Les novices étaient assez nombreuses, et plusieurs postulantes ne tardèrent pas à trouver place dans l'Arche sainte, car la mort avait fait de nombreuses victimes. La sœur Marie-Régis se dévouait maternellement à l'éducation religieuse de son troupeau privilégié; il semblait que son cœur ne respirât plus que charité et amour de la sainte règle. Sa santé paraissait toujours forte; le travail et l'âge l'avaient un peu épuisée, sans nul doute, mais on ne remarquait rien encore qui pût causer de l'inquiétude. Hélas! une affliction bien douloureuse se préparait, et tous les cœurs en furent atteints au moment où ils s'y attendaient le moins.

VIII

PREMIERS SYMPTÔMES DE LA MALADIE DE LA MÈRE MARIE-RÉGIS

A sœur Marie-Régis n'avait guère connu les souffrances physiques, et Dieu ne voulait pas qu'il manquât un seul fleuron à la couronne qu'il lui réservait pour l'éternité. Après avoir tant travaillé, après avoir ressenti toutes les douleurs qui accompagnent les deuils et les épreuves de famille, après avoir consacré au service du Seigneur et au bien de sa chère communauté ses talents et ses forces, elle arrivait à cet âge vénérable où le repos est légitimement acquis et ardemment désiré.

Au printemps de 1878, elle ressentit des douleurs très violentes au bras gauche. Elle les avait éprouvées déjà, mais moins vives, depuis bien des années, et elle n'en avait rien dit. Au mois de juin, elle fut forcée de dévoiler son secret, car le mal devenait intolérable, et on remarquait avec anxiété une grande altération dans ses traits. Le médecin, consulté, dissimula mal son inquiétude; il constata à l'extrémité du bras une tumeur cancéreuse très étendue qu'il fallait extraire sans retard. Il dit à la Mère Marie-Blandine que l'opération aurait dû être faite dix ans plus tôt, qu'elle offrait aujourd'hui beaucoup de dangers, vu l'âge de la vénérée malade (elle avait soixante-douze ans), mais que le succès paraissait encore probable. La bonne Mère fut comme foudroyée par les paroles du docteur Carrier. Elle fit venir successivement plusieurs médecins distingués : tous disaient à la chère malade : « *Madame, vous êtes bien coupable, vous vous êtes martyrisée.* » Puis, parlant à la Mère, ils pressaient pour que l'opération se fît sans retard.

Un mois se passa dans ces examens et dans l'essai de toutes les ressources que la science médicale peut offrir. N'y tenant plus, la sœur Marie-Régis dit un jour à la Mère : « *J'accepterais plus volontiers l'amputation de mon bras que la prolongation de mes souffrances.* » Cette parole douloureuse ouvrit une issue favorable; on parla du bouton de feu, et la courageuse malade n'eut qu'un mot de réponse : « *Je m'abandonne, qu'on fasse de moi ce que l'on voudra.* » La Mère, sans perdre de temps, fit avertir M. le docteur Olier, le grand opérateur lyonnais. Il avait été déjà prévenu par le médecin ordinaire de la maison, M. le docteur Carrier, et avait prescrit plusieurs médicaments préparatoires à l'opération ; la sœur Marie-Régis les avait pris sans demander ce qu'on lui donnait.

Le 29 juillet fut le jour fixé pour la douloureuse séance. La communauté ne savait rien, et la chère malade ne s'attendait qu'à une consultation ; mais, dans cette circonstance, elle montra bien ce que peut une âme arrivée à la plus haute pratique de l'abnégation et de l'immolation religieuse. Son grand âge réclamait les plus minutieuses précautions. Le matin, elle ne prit que fort peu de nourriture, et elle dut attendre ainsi jusque dans la soirée. Elle eut plusieurs défaillances résultant de sa faiblesse et des calmants qu'on appliquait constamment sur le pauvre bras malade. Que cette journée fut longue et pleine d'angoisses !...

Les médecins arrivèrent à six heures seulement ; ils avaient attendu cette heure tardive pour éviter la grande chaleur. La vénérée malade dit au chirurgien : « *C'est à vous, Monsieur, de savoir ce qu'il faut faire ; mon devoir à moi est de me soumettre à votre décision.* » Le savant docteur admira cette force d'âme dans la souffrance, et conçut beaucoup d'estime et de vénération pour la chère malade. Il lui conseilla de se mettre au lit, afin, disait-il, de *faciliter une bonne éthérisation*. Elle se rendit dans une des chambres de l'infirmerie qu'on lui avait préparée, et ne laissa pas paraître la moindre émotion ; elle plaisanta même sur la difficulté qu'on aurait à l'endormir. Puis, elle fit une prière et s'abandonna de nouveau à Dieu et à l'obéissance religieuse. Les chirurgiens demandèrent à être seuls avec les infirmières ; la Mère Marie-Blandine et quelques sœurs qui avaient compris ce qui se passait se rendirent au chœur, où elles demeurèrent en prière tant que dura la redoutable opération. La vénérable malade avait été parfaitement éthérisée, car elle ne manifesta aucune sensation ; mais une difficulté inattendue ayant provoqué un petit retard dans l'opération, elle se réveilla avant la fin, et dut endurer plusieurs incisions douloureuses. Ce qu'elle souffrit alors est indicible, et le chirurgien, volontiers, l'eut blâmée de son courage. Aucun accident ne survint ; les opérateurs furent satisfaits de leur œuvre ; il ne fallait plus que de très grands soins pour ne pas compromettre un succès qui avait coûté tant de souffrances d'une part, et tant d'appréhensions de l'autre.

La Mère Marie-Blandine interdit à tout le monde la porte de la malade à qui un repos absolu était nécessaire. M. le docteur Carrier voulut faire lui-même les pansements pendant près d'un mois, afin de voir si les germes du mal ne reparaissaient pas. Quelques jours après l'opération, il en remarqua plusieurs ; le lendemain, M. Olier était là. Il ne fit pas une opération proprement dite : mais, par des applications douloureuses, il brûla ces racines si redoutées. La sœur Marie Régis endura pendant douze heures des souffrances intolérables ; elle les supporta si courageusement que le célèbre docteur, tant qu'il fut là, ne cessa de lui dire : « *Madame, ne vous dominez pas ainsi.* » Pendant ces tristes moments, les Visitandines suppliaient le ciel de soutenir la chère malade et de la conserver à leur affection.

IX

SA DERNIÈRE RÉÉLECTION A LA CHARGE DE SUPÉRIEURE
NOUVELLE RECRUDESCENCE DE SA MALADIE — SA MORT

 A guérison de la vénérée malade parut assez prompte en réalité, bien qu'elle se fît trop attendre au gré des vœux universels. Vers la fin du mois d'août, elle put faire une petite visite à la communauté, et peu à peu elle sembla se rétablir. Mais en même temps la santé de la Mère Marie-Blandine déclinait rapidement.

Le 10 mars 1879, la vénérable supérieure était saisie d'une apoplexie pulmonaire; et, le 22 avril suivant, elle terminait par la plus sainte mort une vie pleine de vertus et de mérites. La Sœur Marie Régis fut profondément affectée par cette mort, car elle perdait, dans la Mère Marie-Blandine, la douce et sainte compagne qui avait partagé tour à tour avec elle le fardeau si lourd de l'autorité.

Une absence de Mgr l'archevêque retarda de quelques jours l'élection de la Supérieure. C'est le 10 mai seulement qu'il fut donné aux Visitandines de se placer, encore une fois, sous la conduite de la Mère Deville qui était désormais leur *unique Mère*. Sa santé paraissait être dans le meilleur état. Cependant, au mois de mars 1880, une Religieuse avait un secret pressentiment qui l'affligeait, car elle remarquait, depuis quelques jours, que la Mère avait des mouvements qui trahissaient une douleur du côté gauche. Le médecin fut aussitôt appelé; il pressa la Mère de questions et apprit enfin qu'elle souffrait d'une douleur non plus au bras, mais à l'épaule. Il insista pour voir le point sensible, bien qu'elle s'y refusât, répétant qu'une douleur aussi légère ne méritait pas d'être signalée. Hélas! que ne disait-elle vrai? Mais le docteur ne fut pas de son avis; il découvrit une nouvelle tumeur cancéreuse, beaucoup plus dangereuse que la première.

Dirons-nous l'anxiété douloureuse des Religieuses dépositaires de ce fatal secret? Oh! ce serait bien difficile… Le chirurgien fut mandé le même jour, à l'insu de la Mère qui persistait à dire qu'elle n'avait point de mal. Il fallut cependant lui annoncer la visite du docteur. La Sœur qui s'en chargea s'attendait à une admonition. « *C'est un abus*, lui dit la vertueuse Mère, *faut-il pour un rien recourir à des médecins particuliers? Où irons-nous en interprétant ainsi la sainte pauvreté? — Ma Mère*, reprit humblement la Sœur, *Dieu aidant, chaque vertu religieuse se pratiquera à son heure : aujourd'hui, veuillez donner satisfaction à nos cœurs par un trait de condescendance maternelle.* » La Mère Marie-Régis fut vaincue par ces simples mots : « *J'ai compris, dit-elle, j'allais vous faire de la peine, et je ne le veux pas : je verrai le docteur, puisque vous le désirez.* »

M. Ollier ajourna un peu sa visite, afin de laisser le temps de préparer tout ce qui était nécessaire pour une nouvelle opération, dans le cas où il jugerait utile de la faire. La consultation eut lieu le 16 avril : la décision du grand docteur était attendue comme un arrêt de vie ou de mort. Hélas ! elle ne fut pas consolante... M. Ollier étudia la question sous toutes ses formes, et ne trouva aucune issue favorable : l'opération n'était pas possible, le mal était trop étendu, trop avancé... Il prescrivit un traitement qui fut suivi scrupuleusement.

Cependant, malgré ces soins de tous les instants, le mal progressait rapidement, et la Mère Marie-Régis ne tarda pas à avouer qu'elle souffrait beaucoup : elle perdait ses forces, ses traits s'altéraient : elle avait beaucoup de peine à se servir du bras gauche, et passait les nuits sans sommeil. Un mois s'écoula ainsi pendant lequel la courageuse Mère ne se dispensa d'aucun exercice régulier.

Le 16 mai, fête de la Pentecôte, elle assista encore à l'office, bien qu'elle souffrît au point d'être obligée de quitter le chœur à diverses reprises : ce qui attira l'attention de la communauté. Le lendemain, elle ne parut pas à l'oraison : après prime, on dit aux religieuses qu'elle avait eu une défaillance, provoquée par une nuit de souffrance affreuse. Il faut renoncer à décrire leur douleur et leur abattement, en face de cette redoutable évidence.

Le 3 juillet, la Mère Marie-Régis fut contrainte de garder le lit ; la violence de son mal lui occasionnait de fréquentes défaillances, et le moindre mouvement redoublait ses douleurs. Vers le soir, la tumeur qui avait grossi beaucoup, s'entr'ouvrit, et on crut à un soulagement pour la pauvre malade. Hélas ! ce n'était qu'un ravage de plus, et les douleurs augmentaient sans cesse... Souvent déjà, on avait voulu rappeler le docteur Ollier, mais elle ne l'avait pas permis. Le 9 juillet, elle accepta enfin de le voir, *espérant qu'il trouverait le moyen de lui rendre ses douleurs supportables.*

Quelle journée que ce 9 juillet ! La pauvre Mère laissa échapper depuis le matin jusqu'au soir, un gémissement continuel qui déchirait le cœur. *Ses souffrances, lors de son opération,* dit-elle à une Sœur, *n'avaient rien été auprès de celles qu'elle endurait ce jour-là.* M. Ollier arriva enfin, et il s'en faisait temps : il dit que la bien-aimée Mère n'aurait pas supporté six heures de plus un mal aussi violent.

Il fit aussitôt des incisions profondes, qui soulagèrent un peu la vénérée malade, mais il ajouta que la vie de la Mère ne tenait qu'à un fil, qu'une hémorragie pouvait se produire instantanément, et que, même en dehors de tout accident, on ne pouvait pas espérer la conserver longtemps. Dès lors, sa vie n'a été qu'une succession non interrompue de souffrances et de tourments ; mais elle resta toujours admirable de patience, d'énergie et de courage. Est-il besoin de dire qu'elle puisait sa force dans le Dieu *de toute consolation* qui venait fréquemment la visiter sur son lit de douleur ?

De tous côtés on priait pour elle, et deux télégrammes venus successivement de Rome lui apportèrent la bénédiction de Notre Saint-Père le Pape Léon XIII. Tant de chers et précieux secours trouvèrent le ciel inflexible : Notre-Seigneur n'avait qu'une promesse pour sa fidèle servante, celle de faire bientôt luire à ses yeux le grand jour de l'éternité.

Le 18 octobre, la vénérée malade reçut, en présence de toute la communauté, le sacrement de l'Extrême Onction, et le 25 du même mois, à huit heures du soir, elle rendit sa belle âme à Dieu.

La nouvelle de sa mort se répandit bientôt dans la ville entière, et de toutes parts arrivèrent aux Religieuses des témoignages de sympathie sur la perte immense qu'elles venaient de faire.

S. E. le cardinal Caverot tenait en grande estime la mère Deville, et l'avait honorée de plusieurs visites pendant sa longue et douloureuse maladie. Dès qu'il apprit sa mort, Monseigneur se transporta au monastère de la Visitation, et vint s'agenouiller anprès de son cercueil. En se retirant, Son Éminence dit aux Religieuses : « *Quel air de béatitude respire ce visage !* » Parole touchante et profonde, qui rendait admirablement l'expression de calme et de sérénité répandue sur les traits de la vénérée défunte !

Ses funérailles ont été simples et modestes comme sa vie : de nombreux représentants du clergé étaient venus lui rendre un dernier tribut d'estime et de vénération. Derrière le cercueil se pressaient les membres de sa famille justement éplorés, car ils perdaient en elle leur inspiratrice et leur modèle.

La Mère Deville a gouverné pendant vingt-sept ans le monastère de la Visitation, sans compter les années de déposition exigées par la règle ; et, de l'avis des meilleurs juges, elle rappelait par son caractère et ses vertus le souvenir des premières filles de sainte Chantal.

TABLE DES MATIÈRES

LYON. — IMPR. PITRAT AÎNÉ, RUE GENTIL, 4